LA
MISSION DES ARTS

DANS LA SOCIÉTÉ CONTEMPORAINE

DISCOURS PRONONCÉS

A LA SOCIÉTÉ DES AMIS DES ARTS D'ORLÉA

Par L. GUERRIER,

Professeur au Lycée,
Membre de la Société des Belles-Lettres, Sciences et Arts.

ORLÉANS

H. HERLUISON, LIBRAIRE-ÉDITEUR

17, Rue Jeanne-d'Arc, 17

1876

LA

MISSION DES ARTS

DANS LA SOCIÉTÉ CONTEMPORAINE

ORLÉANS, IMPRIMERIE G. JACOB, CLOITRE SAINT-ÉTIENNE, 4.

LA
MISSION DES ARTS

DANS LA SOCIÉTÉ CONTEMPORAINE

DISCOURS PRONONCÉS

A LA SOCIÉTÉ DES AMIS DES ARTS D'ORLÉANS

Par L. GUERRIER,

Professeur au Lycée,
Membre de la Société des Belles-Lettres, Sciences et Arts.

ORLÉANS
H. HERLUISON, LIBRAIRE-ÉDITEUR
17, Rue Jeanne-d'Arc, 17

1876

PREMIER ENTRETIEN.

Mesdames,

Messieurs,

Parler des arts et de leur bienfaisante influence, c'est, je le sais bien, vous entretenir, sous une autre forme, des services que votre société a rendus et de ceux, incomparablement plus grands encore, qu'elle est appelée à rendre dans l'avenir.

Ce sujet pourtant m'a séduit.

J'ai cru qu'il est permis aux plus simples citoyens de s'intéresser à ce qui se passe autour d'eux, de remarquer le bien qui s'y fait et d'en témoigner leur reconnaissance.

J'ai pensé surtout ne rien faire qui vous fût désagréable, en retenant quelques instants vos pensées sur de grandes choses, qui nous sont si chères, et qui vont naturellement se trouver rapprochées ici : l'amour du beau, les arts, le bien public, l'honneur national et la patrie.

Ce que j'ai à dire, je n'irai pas le chercher loin. Je ne ferai guère, Messieurs, que mettre dans un certain ordre et exprimer à ma façon des idées et des sentiments que vous avez tous. C'est ce qui me permettra d'aller vite, et d'être court, dans un grand sujet.

Quelle est donc, à l'époque où nous sommes et dans l'état

présent du pays, la mission naturelle des arts ? Quels services sont-ils appelés à rendre, dans la vie de tous les jours, dans l'ordre économique, dans l'ordre moral, dans l'œuvre grande et sainte de relèvement de la France ?

I

La première chose qui s'offre à la pensée, quand elle se porte sur les arts, ce sont les jouissances qu'ils procurent, ces plaisirs vifs et délicats que nous causent une belle statue, un beau tableau, une belle mélodie. Ces jouissances, Messieurs, je n'ai pas à les décrire ; vous les connaissez.

Voilà le premier fruit des arts et leur premier bienfait. C'est le moindre.

Nous n'avons pas, Messieurs, et nous n'aurons jamais l'idée des trésors que Dieu a répandus dans la nature. On s'étonne, et avec raison, de tout ce qui fut fait pour les besoins corporels de l'homme ; ce qui a été fait pour les besoins de son esprit est mille fois plus prodigieux encore. Même au sein du monde matériel, c'est la pensée, c'est l'intelligence qui domine.

Or, rien ne fut répandu avec plus de profusion que la beauté. La beauté, elle est partout : sous nos pieds et sur nos têtes, dans la petite fleur des champs et dans la goutte de rosée, comme dans les astres du ciel.

Dieu donc a mis la beauté autour de l'homme, pour faire le charme de sa vie ; et dans l'homme même, il a mis l'idée du beau, le sens du beau, l'amour du beau, c'est-à-dire tout ce qu'il fallait pour voir les infinies beautés de la nature, pour les goûter, les comprendre et en jouir.

Seulement, les choses ne se passent point fatalement dans l'homme. Tout y est soumis à l'empire d'une grande et noble puissance, l'activité libre, la volonté.

Nous avons reçu du ciel des facultés admirables : mais si nous les laissons sommeiller, elles ne tardent pas à s'engourdir et à s'éteindre. Nous avons reçu, comme un feu sacré, l'amour du beau ; il faut le tenir en éveil, l'exciter, l'exercer, l'entretenir, le fortifier et l'étendre.

C'est l'effet naturel de l'étude et de la pratique des arts.

Et à mesure que cette belle faculté se développe, à mesure que nos sens plus délicats et plus pénétrants nous mettent à même de mieux percevoir l'harmonie des sons, l'harmonie des formes, des mouvements, des couleurs, nous voyons tomber un à un les voiles qui cachent à la foule les mystérieuses beautés de la nature ; il semble que tout prenne un nouvel aspect et nous parle un nouveau langage, la rose toute humide sur sa tige, l'insecte sous l'herbe, les grands bœufs dans la prairie, et les vents qui mugissent, et les cimes des bois qui s'inclinent, et les nuages qui passent, et les teintes bleuâtres et vaporeuses des lointains horizons, et le soleil, quand il se couche sur les eaux, dans la pourpre et dans l'or.

Il y a là pour l'humanité une source intarissable de jouissances ; elles sont à la portée de tout le monde : il n'y a qu'à les recueillir.

Aussi voyons-nous le goût des arts apparaître et fleurir à toutes les époques et chez tous les peuples. Déjà, dans Homère, quand les chefs de la Grèce vont à la tente d'Achille, ils le trouvent tenant à la main une lyre d'ivoire délicatement travaillée et s'occupant à chanter, pour calmer son cœur. Oui l'art se manifeste partout, dans les camps, dans le palais des rois, sous la hutte des sauvages : nous le trouvons jusque dans le berceau du monde.

Le pays que nous habitons, Messieurs, n'a pas toujours été cette belle France si riche en vignobles, en moissons, en pâturages et, comme on le disait jadis, le plus beau des royaumes après celui du ciel.

Il fut un temps où un froid glacial régnait partout, jusqu'en Espagne. Le renne de Laponie errait en longs troupeaux dans tout le midi de la France et sur le flanc des Pyrénées ; de grands carnassiers hurlaient dans les bois ; et çà et là on rencontrait encore l'éléphant à crinière, un de ces géants de la création qui, depuis des milliers d'années, ont disparu de la nature vivante.

Sur cette terre désolée, l'homme existait déjà. Il y menait une vie sauvage, sans pain, sans vêtements et sans autres armes que les pierres qu'il trouvait sous sa main ou des cailloux taillés à grands éclats, dont il faisait des haches grossières. L'industrie, l'agriculture ne s'annonçaient pas encore : les arts étaient nés. Sous ce ciel de Sibérie, au milieu des glaces, des lions, des tigres et des ours, l'homme chantait, il dessinait déjà. Parmi les débris de cet âge, on a trouvé des os creux percés de trous, dont on peut encore tirer les sons qu'ils rendaient avant le déluge ; on a trouvé des morceaux d'ivoire où furent tracées, à la pointe d'un silex, les formes de ce grand éléphant à crinière dont je vous parlais.

Voilà, Messieurs, les premiers instruments de musique et les premiers dessins du monde. A quelle époque remontent-ils ? On ne le sait pas, mais ils sont antérieurs à toute histoire, à toute civilisation, à toute industrie.

Il n'y a donc point d'exagération à dire que l'amour du beau, que l'amour des arts est de tous les temps, qu'il est vieux comme le monde, et qu'il est naturel à l'homme comme la pensée et le langage.

Travailler à la propagation des arts, c'est donc travailler à satisfaire un des besoins les plus vivaces de l'humanité, et en

même temps c'est répandre autour de soi un trésor de vives
et douces jouissances. Or, ce résultat fût-il le seul, qu'il serait
déjà considérable et digne de tous nos efforts; car c'est une
grande et noble chose, Messieurs, que de répandre la joie sur
la terre, que de jeter des fleurs et des sourires sur cette vie
si tôt désenchantée et toute pleine, quoi qu'on fasse, de cha-
grins et de pleurs.

Et ce qui est vrai dans tous les temps l'est davantage
encore au temps où nous sommes, pour des raisons que je
vais dire en peu de mots.

La vie moderne est particulièrement froide et décolorée; il
convient de la réchauffer, de l'embellir; de mettre le beau à
côté de l'utile, et l'art à côté du calcul.

Puis, à une époque où tout est si cher, n'est-ce pas rendre
à la société un service immense que de lui ouvrir une source
de jouissances, où l'on peut puiser à si bas prix, dans le domaine des arts; et pour rien, dans la nature? A une époque
où l'on se dispute tout : la terre, l'or, l'influence, les distinc-
tions, le pouvoir, n'est-ce pas une grande œuvre que de montrer un vaste champ, un autre monde, où chacun prend tout
ce qu'il veut, sans amoindrir la jouissance des autres; comme
s'il s'agissait de l'air des champs, de l'eau des fleuves ou de
la lumière du ciel ?

Il y a plus, Messieurs, le plaisir que l'on trouve dans la
contemplation du beau s'accroît à mesure qu'un plus grand
nombre le partagent. L'admiration, l'enthousiasme sont
contagieux; on dirait que nos âmes ressemblent à ces cordes
sonores qui vibrent à l'unisson, dès que l'une d'elles est agitée.
Il y a donc là une raison douce et persuasive de se réunir,
de s'entendre et de s'aimer, et n'est-ce pas un nouveau
bienfait pour une société que tant de malentendus divi-
sent ?

Tels sont les principaux caractères des jouissances esthétiques : elles sont offertes à tous, et à la portée de tout le monde ; elles font partie du patrimoine commun de l'humanité ; elles sont inépuisables, comme l'air et la lumière ; elles rapprochent les hommes, au lieu de les désunir.

J'ajouterai qu'elles sont d'un ordre élevé, et dignes par là encore, par là surtout, d'être offertes à la société contemporaine ; car les événements nous crient assez haut qu'il ne faut plus vivre au hasard, et qu'il y a un choix à faire dans nos idées, dans nos habitudes, dans nos travaux et jusque dans nos plaisirs. Il y a des plaisirs, en effet, bien connus des peuples qui tombent ; il en faut d'autres à ceux qui se relèvent, et rien ne leur convient mieux que les purs et nobles plaisirs de l'intelligence, parce qu'ils sont les alliés naturels des grandes pensées et des grands devoirs.

II

Après avoir envisagé les arts à un point de vue général, auquel je dois revenir, je vous demanderai la permission de les considérer quelques instants dans une portion limitée, quoique très-étendue encore, de leur domaine. J'y trouve un grand intérêt économique, joint à une question d'honneur national : deux choses qu'il convient de ne pas négliger, et aujourd'hui moins que jamais.

Je veux parler des arts décoratifs, qui sont à si juste titre une des préoccupations principales de la *Société des Amis des arts*.

A la première exposition universelle de Londres (1851),

l'art français se présenta avec une supériorité écrasante : Sèvres, les Gobelins, Lyon, Beauvais, éblouirent le monde de leurs merveilles. Il en fut de même à Paris, quatre ans plus tard (1855).

À Londres en 1862, à Paris en 1867, l'art français reste supérieur à l'art étranger ; mais ce n'est plus de la même hauteur qu'il le domine. Que s'est-il donc passé dans l'intervalle ? Le voici :

À la clôture de la première exposition de Londres, le 15 octobre 1851, le prince Albert traçait en ces mots le programme de l'industrie anglaise : « Perfectionner son goût, et ajouter aux qualités positives de la fabrication l'art, qui distingue les produits de l'industrie française. »

Ces paroles suffirent, car en Angleterre on parle peu, et on agit beaucoup. De tous côtés on se met à l'œuvre, à Londres, à Birmingham, à Halifax, à Bristol. Un département de l'art est créé dans les conseils de l'État, et en même temps 800 sociétés libres, comptant plus de 140.000 membres, se fondent et s'organisent sur tous les points du Royaume-Uni. C'est à peu près, Messieurs, comme s'il s'en formait chez nous une dizaine par département ; voyez quelle ardeur ! Aussi les résultats ne se font-ils pas attendre. En dix ans, le nombre des écoles de dessin s'élève de 19 à 350, et celui des élèves de 3.000 à 66.300. Le dessin fait partie de l'instruction élémentaire dans les écoles, et de l'apprentissage dans les ateliers.

En même temps, 1.200.000 fr. sont consacrés à la création d'un musée spécial ; les dons y affluent ; on y accumule des dessins, des gravures, des moulages de tous les styles, de tous les temps, de tous les pays.

Et ce musée, 500.000 personnes le visitent. De plus, des musées ambulants, transportés de ville en ville, vont pour ainsi dire au devant du public.

Les résultats, vous les pressentez. Des dessinateurs habiles se forment dans les écoles ; les plus beaux types, les modèles les plus parfaits en tous genres deviennent familiers à des milliers d'ouvriers anglais : le goût public se perfectionne ; le consommateur devient plus exigeant et le producteur plus habile. Voilà comment, depuis vingt ans, l'art industriel s'est perfectionné en Angleterre.

Pendant ce temps, qu'avons-nous fait ? Ce que nous sommes trop portés à faire, en toutes choses. Nous dormons tranquillement à l'ombre de nos lauriers, pendant qu'autour de nous, on se tient prêt à nous les ravir.

Ici du moins rien n'est perdu encore. La supériorité, jusqu'à présent, nous reste : mais on nous la dispute : il faut la conserver. Nous avons pour nous un esprit inventif, une imagination vive, l'esquise délicatesse du goût français. C'est considérable, et insuffisant. Ces choses peuvent s'acquérir : l'Angleterre l'a prouvé ; elles peuvent se perdre aussi : l'Italie l'a fait voir. Il n'y a qu'une chose qui ne trompe point, c'est l'activité, c'est l'effort : l'effort chez l'artiste pour mieux faire, l'effort dans le public pour demander et mériter mieux. En un mot, ce qu'il faut chez nous, c'est ce qui s'est fait en Angleterre : un grand développement des arts, produit par un grand travail national.

On s'est ému de cette situation ; c'est un premier pas. Le ministre, sur la proposition du directeur des beaux-arts, a cherché à organiser une exposition des musées de province, afin de se procurer par là des ressources, pour encourager nos écoles de dessin. C'était bien insuffisant, et cela n'a pu aboutir ; l'ardeur, l'élan nous manquent encore.

La question cependant est très-grave. Il s'agit des destinées d'une branche importante de l'industrie française ; il s'agit en même temps de l'art, de l'honneur du pays et de sa glorieuse mission dans le monde.

Non, de si grands intérêts ne peuvent pas périr. Il n'est pas possible que nous laissions se flétrir et se dessécher dans nos mains une des branches les plus florissantes de la supériorité nationale, à une époque surtout où nous avons tant besoin de conserver pieusement ce qui nous reste encore, avant de recouvrer ce que nous avons perdu ; à une époque où de nouveaux débouchés s'ouvrent de toutes parts, et nous appellent. Nous travaillerons. Nos œuvres surpassent celles de l'étranger : nous ferons mieux encore ; et nos marbres, nos porcelaines, nos bronzes, nos meubles de luxe, nos bijoux, nos tapis, nos riches étoffes, nous les enverrons à profusion sur tous les marchés du monde ; depuis Londres jusqu'à Calcutta, jusqu'à Melbourne, et depuis New-York jusqu'à Pétersbourg, en passant par Berlin.

Chaque peuple, en effet, a ses traditions et son génie. Que l'Amérique aille dans l'extrême Orient pratiquer la traite des Chinois, depuis qu'elle ne peut plus faire celle des nègres ; que l'Angleterre porte à ces peuples ses cotonnades, qui l'enrichissent, et son opium, qui les abrutit : nous avons été faits pour un plus noble rôle. Le côté financier des choses, il ne nous est pas permis de le méconnaître ; mais ce n'est pas, ce n'a jamais été la première de nos préoccupations nationales. Quand nous nous approchons d'un peuple, ce n'est pas pour nous enrichir, ce n'est pas pour le ruiner, encore moins pour le dégrader ou l'asservir : c'est pour lui porter ce que nous avons de plus excellent chez nous et de plus précieux, tout ce qui ennoblit la vie et tout ce qui peut l'embellir : l'Évangile, nos idées généreuses, notre littérature et nos arts : voilà ce qui marche au premier rang, derrière le drapeau de la France.

III

Il me reste, Messieurs, à envisager les arts par un autre côté encore, le plus grand de tous, le côté moral.

J'ai parlé en commençant des jouissances que les arts font goûter à ceux qui les aiment. C'est déjà un grand bienfait que de rendre la vie plus douce : mais il y a plus ici, car adoucir l'existence, c'est, par contre-coup, adoucir le caractère et les mœurs ; c'est étouffer dans l'âme la colère, l'envie, la haine, toutes les passions malveillantes et malsaines, et y faire fleurir, à la place, le calme, la bienveillance, tous les sentiments affectueux du cœur. Il est très-rare que l'homme, quand il se trouve heureux, soit méchant : pourquoi le serait-il ? Voilà donc un premier résultat obtenu par les arts, dans l'ordre moral. En voici un autre.

L'art est expressif. Il manifeste par les sons, par la lumière et par les ombres, par les lignes et les couleurs, les sentiments, les passions que l'artiste a dans l'âme, et en même temps il les fait passer au cœur de ceux qui entendent ou qui voient. L'art exerce par là, sur les individus et sur les masses, tantôt une action douce et calmante, et d'autres fois un entraînement, dont les exemples seraient faciles à accumuler, tant nos histoires en sont pleines : c'est la harpe de David qui calme les fureurs de Saül ; ce sont les chants de Tyrtée qui enflamment le courage des soldats, et gagnent les batailles.

Oui, les arts ont un grand pouvoir sur l'homme : ils le font sourire, ils le font pleurer, ils l'apaisent, ils l'excitent, ils l'enflamment, ils lui mettent au cœur la haine ou l'amour, et sur les lèvres les malédictions ou la prière. Et vous voyez d'ici, Messieurs, l'importance que l'art doit naturellement avoir, et les services qu'il peut rendre, dans une société où les mêmes sentiments doivent agiter profondément les âmes ; à une époque si pleine d'amers souvenirs, d'espérances, de ressentiments et de patriotiques douleurs ; où il y a tant à espérer et tant à craindre, tant de choses à aimer et tant de choses à haïr.

Mais il y a dans l'art une autre vertu, plus générale et plus excellente encore ; et c'est par là que je vais finir.

La suite des idées m'amenait à signaler, tout à l'heure, quelques-unes de nos qualités nationales. Il faut en convenir, Messieurs, nous avons aussi des défauts, et des défauts inquiétants, que je n'ai point à vous décrire : ce n'est pas le moment ni le lieu.

Le mal dont nous souffrons revêt des formes variées et nombreuses. On peut cependant le définir d'un mot : il consiste dans un déplorable abaissement des âmes. Relever l'âme de la nation, voilà donc l'œuvre patriotique qui réclame en ce moment toutes les pensées, tous les efforts de tous les hommes de cœur. Les arts y suffiraient-ils ? Non, Messieurs ; à une telle œuvre, il faut toutes les forces d'un peuple, et l'aide de Dieu.

Les arts donc ne suffiraient pas ; mais ils peuvent prêter un puissant concours, et voici pourquoi. Leur but est idéal, leurs moyens matériels. C'est à l'âme qu'ils s'adressent, mais c'est en frappant fortement les sens qu'ils lui parlent ; et par là ils se trouvent merveilleusement appropriés à la nature humaine, qui est toujours plus attentive à ce qui lui vient du dehors qu'à ce qui se passe en elle-même.

Les spéculations de la pensée pure seront toujours le partage d'un petit nombre ; l'art est pour tous. Pour quelques-uns qui se seront élevés à l'idéal avec Platon, combien y auront été portés sur les ailes de Mozart, de Pergolèse, de Raphaël ou de Phidias !

Elever les esprits à l'idéal, c'est les arracher, quelques instants du moins dans le jour, et quelques heures dans leur vie, aux petits intérêts, aux petits soucis, aux petites passions, au bruit et à la fumée du monde, pour les transporter dans cette région supérieure, qui est leur patrie, et où ils peuvent contempler à loisir les principes éternels de toute vérité, de toute vertu, de toute science et de toute harmonie, à la lumière d'un soleil qui ne se couche jamais.

Ai-je tout dit ? Non, Messieurs, on ne dit jamais tout sur un pareil sujet. Plusieurs points de vue intéressants m'auront échappé sans doute, et il en est d'autres que j'ai négligés, afin de ne pas allonger trop ce simple entretien. Pour la même raison, les points que j'ai abordés n'ont pas reçu tous les développements qu'ils réclament.

Malgré cela, j'en ai dit assez peut-être, pour indiquer, au moins, les services que les arts peuvent nous rendre, et la place qui devrait leur être faite parmi nous.

Plus répandus, ils contribueraient au bonheur commun des hommes, et les rapprocheraient les uns des autres.

Ils exerceraient une influence bienfaisante et considérable sur le développement de la production nationale, et de la richesse du pays.

Ils seraient encore, ce qu'ils sont depuis longtemps, mais avec un nouvel éclat, une des gloires de la France.

Enfin et surtout, ils exerceraient une action puissante dans l'œuvre de régénération nationale, qui est en ce moment notre intérêt le plus sacré et le premier de nos devoirs.

Propager les arts, encourager les arts, c'est travailler à cette grande œuvre ; et c'est ce que vous faites, Messieurs. Ce qu'il faudrait de ressources et d'efforts, vous le savez. Faisons d'abord tout ce qui est possible ; le reste viendra dans son temps. Vous connaissez ce mouvement léger qui se fait, quand on veut, à la surface des eaux dormantes. Il n'occupait, sur l'étendue du lac, que la place où la pierre a frappé, avant de devenir un grand cercle, qui va s'élargissant, et tout à l'heure s'étendra jusqu'aux rives.

Puisse-t-il nous être donné de voir se fonder partout autour de nous des sociétés amies des arts ; des écoles de musique, des écoles de dessin, de modelage, de peinture ; des expositions d'objets d'art ; des musées permanents, où soit rassemblé, ne fût-ce qu'en photographies, en gravures, en moulages, tout ce qui s'est fait de beau, dans tous les temps et dans tous les pays !

Imitons en cela les Anglais ; mais imitons à la manière française, en faisant plus et mieux. Fidèle à son génie, l'Angleterre a tourné les yeux vers le côté positif et financier des arts. C'est un point que nous n'aurons garde de négliger, sans doute ; mais nous saurons nous souvenir aussi qu'en dehors et au dessus de l'art décoratif, il y a le grand art, il y a les beaux-arts.

De la sorte, il se formera parmi nous un public délicat, aimant le beau, passionné pour les arts, et en même temps, toute une génération d'artistes, que nous verrons naître et fleurir. Ce sera, Messieurs, une nouvelle gloire et une force nouvelle pour ce grand et malheureux pays, qui a tant besoin de toutes ses gloires, de toutes ses forces et de tous ses enfants. Il lui faut des savants, des hommes d'État, des philosophes ; des producteurs pour réparer ses pertes, des soldats pour le défendre et le venger ; il lui faut aussi des peintures, des marbres inspirés, pour rappeler ses vieilles gloires à ceux qui les oublient ; il lui faut des temples pour prier ; il lui faut des accents pour pleurer ses malheurs, pour enflammer l'âme de ses enfants, et pour chanter ses impérissables espérances.

DEUXIÈME ENTRETIEN.

Mesdames,

Messieurs,

Dans un coup d'œil général jeté sur la mission des arts au
sein de la société contemporaine, je signalais et je mettais au
premier rang le service immense que les arts sont appelés à
rendre au pays, en contribuant à l'œuvre capitale du moment,
le relèvement des âmes.

Cette action bienfaisante des arts, il ne faut point le dissi-
muler, n'est pas universellement admise. Il y a des contra-
dicteurs ; il y en eut toujours, et parmi eux se trouve un des
plus grands écrivains du dernier siècle : J.-J. Rousseau.

L'académie de Dijon avait, en 1750, mis au concours la
question de savoir « si le rétablissement des sciences et des
arts a contribué à épurer les mœurs. » — Non, répondit
Jean-Jacques ; il n'a servi qu'à les corrompre. — Il développa
cette opinion et fut couronné.

Sa thèse est générale : c'est la civilisation, sous toutes les
formes, qu'il attaque ; c'est l'ignorance qu'il préconise et qu'il
demande au ciel. « Dieu tout-puissant, s'écrie-t-il à la fin de
son discours, toi qui tiens dans tes mains les esprits, délivre-
nous des lumières et des funestes arts de nos pères, et rends-
nous l'ignorance. »

Rends-nous l'ignorance ! c'est-à-dire, Messieurs, « Reprends les dons que tu nous a faits, reprends-nous l'intelligence et la liberté, et tout ce qu'elles ont produit sur la terre, les armes, les lois, la sécurité, l'abondance, l'éloquence et la poésie, les sciences et les arts. Tu nous avais, dans ton aveugle bonté, donné toutes ces choses ; plus sages que toi, nous n'en voulons pas. »

Messieurs, nous ne sommes pas de cette école. A chacun son rôle en ce monde. Que la brute passe sa vie à brouter l'herbe des champs et à rugir au désert, elle accomplit sa loi, car c'est pour cela qu'elle fut faite. Mais avec son regard dirigé vers le ciel ; avec la pensée, la parole, tant d'aspirations généreuses et de sublimes amours ; avec son activité libre et son âme immortelle, l'humanité a sur la terre un autre rôle et d'autres destinées.

Je n'ai point à embrasser la question dans toute son étendue ; je ne l'envisagerai qu'au point de vue des arts ; mais vous voyez déjà, Messieurs, quelle est l'importance de cette discussion.

S'il est vrai, comme le croit Rousseau, que les arts contribuent à corrompre les mœurs, le goût des arts est une chose funeste et dont, aujourd'hui plus que jamais, il faut nous garantir.

Si, au contraire, comme nous le prétendons, les arts ont naturellement pour effet de purifier et d'élever les âmes, nous devons aimer les arts, les encourager et les cultiver avec une patriotique ardeur, parce qu'ils doivent puissamment aider à la régénération du pays, et qu'alors l'amour déjà si noble des arts se confondra dans nos cœurs avec un autre amour, plus noble et plus excellent encore : l'amour sacré de la patrie.

Quels sont donc les rapports naturels des arts et des mœurs ?

En fait, les arts ont-ils, dans le passé, contribué à élever les âmes ou à les corrompre ?

En principe, les arts étant ce qu'ils sont et l'âme humaine ce qu'elle est, est-ce une influence bienfaisante, est-ce une influence pernicieuse que les arts doivent naturellement exercer sur les mœurs ?

Ainsi, deux points de vue et deux questions : une question historique, que je vais aborder aujourd'hui, et une question philosophique, qui fera l'objet d'un prochain entretien.

Rousseau, je vous l'ai dit, prétend que le développement des facultés humaines aboutit à la corruption des mœurs. Voici ses paroles : « L'élévation et l'abaissement journalier des eaux de l'Océan n'ont pas été plus régulièrement assujettis au cours de l'astre qui nous éclaire durant la nuit, que le sort des mœurs et de la probité, au progrès des sciences et des arts. On a vu la vertu s'enfuir, à mesure que leur lumière s'élevait sur notre horizon. » Il est difficile d'être plus affirmatif et plus absolu. Rousseau ajoute : « Le même phénomène s'est observé dans tous les temps et dans tous les pays. »

C'est le contraire qui est la vérité. Les preuves, vous les trouverez partout, au milieu des sables de Memphis, dans les ruines de Ninive et sur l'acropole d'Athènes. Mais ce serait un champ trop vaste à parcourir. Il vaut mieux nous renfermer dans les limites de notre histoire, dans ces chères annales de la patrie, auxquelles il est si consolant et si doux de revenir sans cesse, au milieu des tristesses et des préoccupations de l'heure présente ; afin de mieux connaître la France et de mieux l'aimer ; afin de mieux savoir quel peuple nous sommes, et ce qu'ont fait nos pères, et ce qu'ils ont souffert, et ce qu'ils attendent de leurs enfants.

Ainsi, Messieurs, prendre comme sujet d'étude les époques où les arts ont jeté chez nous le plus grand éclat :

Vous montrer brièvement, rapidement, quel fut à chacune de ces époques, d'une part l'état des arts, et d'autre part l'état des âmes ;

Vous mettre ainsi à même de juger s'il est vrai que l'âme d'une nation s'élève et fleurit en même temps que les arts, ou bien si au contraire les âmes s'abaissent à mesure que les arts s'élèvent : voilà ce qu'il faudrait faire. J'essaierai.

I

C'est Charlemagne qui, après quatre siècles de barbarie, fit revivre chez nous les arts avec tout le reste, et réveilla dans les Gaules une ardeur généreuse, très-naturelle à notre race, mais qui ne devait pas durer. Le temps n'était pas venu encore : tout tenait à un homme ; tout tomba avec lui.

C'est seulement deux cents ans plus tard que le pays, de lui-même, secoua son sommeil et que l'on vit commencer chez nous une vie nouvelle, une véritable renaissance, nationale, cette fois, et qui, selon toute apparence, eût été définitive, si de longues guerres ne fussent venues désoler la France, consumer ses forces et dévorer ses enfants.

C'est au XIᵉ siècle que commence le mouvement dont je parle. Il se poursuit et s'organise durant tout le XIIᵉ siècle, atteint son complet développement dans la première moitié du XIIIᵉ, aux temps de Philippe-Auguste et de saint Louis ; puis continue, en se ralentissant de jour en jour, jusqu'au XVᵉ siècle, où il s'éteint.

Envisagée au point de vue des arts, cette mémorable époque est véritablement l'âge d'or de l'architecture dans les temps modernes. C'est alors, en effet, que l'art ogival apparaît, et couvre de ses chefs-d'œuvre la France et une partie de l'Europe. Je vous demande, Messieurs, la permission d'entrer ici dans quelques détails : il s'agit de la plus belle chose que le monde ait vue depuis le siècle de Périclès, et de l'œuvre la plus originale, peut-être, qu'ait jamais produite le génie français.

L'art antique avait trouvé son expression parfaite dans le Parthénon d'Athènes ; l'art chrétien cherchait la sienne depuis près de huit cents ans.

Tout d'abord, la basilique romaine s'était convenablement appropriée aux besoins du culte ; mais elle était étroite, basse, lourde et sombre. Il fallait de vastes édifices pour contenir la population toujours croissante des villes : il fallait une grande élévation pour que rien n'arrêtât le regard, ni la pensée, dans leur élan vers le ciel ; il fallait de la lumière, car l'église, où tout nous parle de résurrection, de vie et d'immortalité, l'église ne doit pas ressembler à un tombeau.

Rien ne nous paraît simple aujourd'hui comme de donner à un édifice de l'étendue, de l'élévation et de la lumière ; mais au moyen âge, on chercha longtemps sans trouver : la construction des voûtes présentait un obstacle que l'on put croire insurmontable.

C'est que la seule voûte employée alors était la voûte demi-cylindrique, la voûte en berceau. Or, ce système présente des inconvénients très-graves.

D'abord, il exerce sur les murs, de dedans en dehors, une pression ou, comme on dit, une poussée considérable ; ensuite cette pression est continue, c'est-à-dire qu'elle se répartit, sans interruption, sur toute la longueur de la voûte et des murs. Essayait-on de donner à l'édifice plus de longueur ou plus d'élévation, la poussée des voûtes croissait d'autant, et la solidité se trouvait compromise. Mais si l'on cherchait à augmenter la largeur et la hauteur à la fois, il en résultait une force de destruction effroyable. En vain on ajoutait à l'épaisseur des murs, en vain on les garnissait de contreforts, en vain on les renforçait de talus à la base, tout se trouvait insuffisant : la poussée intérieure rejetait les murs en dehors, et l'édifice s'effondrait.

Enfin, par un trait de génie, on imagina d'employer la voûte d'arête. Innovation féconde, Messieurs ; d'une part, elle résolvait le problème ; et d'autre part, elle entraînait après soi, dans l'économie de la construction, des modifications profondes, qui devaient donner à l'architecture nouvelle son grand caractère et son originalité.

Qu'est-ce donc que la voûte d'arête ? Vous le pouvez voir à la cathédrale, à deux pas d'ici. Non que la cathédrale soit un monument de cette époque : elle est plus jeune, beaucoup plus jeune, et n'y gagne rien ; mais le système de voûtes imaginé au XII⁰ siècle y a été employé, comme il l'est encore de nos jours.

Ce qui caractérise la voûte d'arête, c'est qu'au lieu d'être une forme géométrique simple, comme le berceau, elle est brisée, pour ainsi dire, et composée de portions, dont chacune a sa forme propre. Ces portions sont assemblées, appuyées l'une sur l'autre, d'après des lois fixes.

Il résulte de cette disposition de très-remarquables propriétés.

D'abord, la poussée n'est plus continue, comme dans la voûte en berceau ; elle est localisée ; elle tombe tout entière sur les piles : les murs ne supportent plus rien.

Ensuite cette poussée ne s'exerce plus en totalité de dedans en dehors ; elle se décompose. Considérez, si vous le voulez bien, de quelle façon s'opère la retombée des voûtes sur une pile. Vous y remarquerez trois segments, au moins. L'un pousse la pile d'arrière en avant; l'autre la pousse d'avant en arrière. Ces deux effets se neutralisent, absolument comme dans un pont, nous voyons deux arches voisines se contre-buter mutuellement et se faire équilibre, sur la pile qui les sépare et les soutient.

Reste aux voûtes un troisième segment. Celui-là exerce sa pression de dedans en dehors : il y faudra résister; mais ce n'est plus le poids total de la voûte, c'est un tiers seulement de ce poids que nous aurons à soutenir.

Ainsi réduite, la poussée se trouvait encore amoindrie par la substitution de l'arc ogival au plein-cintre, et aussi par une légèreté plus grande, qu'il fut dès lors possible d'intro-duire dans les constructions.

Voici maintenant les conséquences :

Du moment que tout l'effort tombe sur les piles et que les murs n'ont plus rien à supporter, on peut donner de la légèreté aux murs, on peut les percer à jour, on peut même les supprimer et les remplacer par des ouvertures. Et comme la retombée des voûtes s'opère sur les piles, de manière à dé-gager et à laisser libre, jusqu'aux combles, l'espace compris entre deux piliers, rien n'empêchera de donner aux larges fenêtres une grande hauteur et de les élever jusqu'aux com-bles : c'est ce qu'on a fait. Il fallait de la lumière, en voilà. D'un autre côté, maintenant que la poussée intérieure, que la force destructive se trouve, toutes choses égales d'ailleurs, réduite au quart ou au cinquième de ce qu'elle était, il n'y a plus autant à craindre de donner aux édifices de l'étendue, de la hauteur : le problème est donc, sur tous les points, résolu. Aussi voit-on s'élever de tous côtés ces immenses vaisseaux, pleins d'air et de lumière, d'une légèreté étonnante, d'une hardiesse à faire trembler, et en même temps d'une solidité qui devait braver, pendant des siècles, la négligence des hommes et les injures du temps.

Comment cette solidité fut-elle obtenue ? Je vous en dirai deux mots.

La poussée des voûtes se trouve, comme nous l'avons vu, concentrée sur des points fixes, à la partie supérieure des piles. Il n'y a donc plus, dans tout l'édifice, que l'extrémité des piles à soutenir. Mais à raison de l'étendue et de l'élévation des voûtes, la poussée latérale, tout amoindrie qu'elle est, reste néanmoins considérable sur les points où elle est concentrée. Il faudra donc, au dehors, de puissants appuis : ce sont les contreforts. Ils sont placés en face des piles, mais à distance ; et ce sont des arcs-boutants, véritables étais de pierre qui, allant du contrefort à la pile, reçoivent la poussée des voûtes et la transmettent au contrefort.

Ainsi, Messieurs, une église ogivale, c'est un édifice étayé dès le premier jour, et perpétuellement étayé, et qui ne tient que grâce aux étais. Plusieurs d'entre vous, peut-être, ne s'en doutaient pas, et il n'y a là rien que de très-naturel.

C'est, en effet, qu'ici encore se révèle dans toute sa fécondité l'art de cette merveilleuse époque. Ces appuis, ces étais, il n'en est pas honteux, il ne les cache pas, il les montre ; mais il a trouvé le secret de les transformer à nos yeux. Ils sont là pour soutenir l'édifice ; on croirait qu'il n'y ont été mis que pour en accroître la beauté. Voici comment : au lieu, par exemple, d'un lourd et disgracieux contrefort, on en mettra deux, trois l'un derrière l'autre, on rétrécira la base, on ajoutera à la hauteur, et par ce moyen on obtiendra le même poids total, la même masse résistante, mais avec plus de grâce et de légèreté. Puis la partie supérieure sera découpée, taillée en flèches, en tourelles, en clochetons à jour, en pyramides légères ornées sur leurs arêtes de crochets, de fleurons, et sur leurs faces de dessins variés, pour en rompre la monotonie. Les arcs-boutants seront construits d'après le même principe. Vous en voyez deux, trois superposés, reliés entre eux par des arcades, des colonnettes et des galeries à jour.

Ainsi, Messieurs, de tout cet appareil embarrassant autant que nécessaire d'étais et d'appuis, l'artiste a fait la décoration extérieure du temple. Ajoutez à cela ces portails admirables, et ces belles tours, qui les encadrent, en s'élevant jusqu'au ciel; et vous aurez, dans son ensemble, la cathédrale du XIIIe siècle, la merveille du moyen âge et de tous les temps.

Pour abréger, je n'ai rien voulu vous dire de la sobriété des ornements, de la pureté des lignes, ni des peintures murales, qui revêtent d'azur, de pourpre et d'or les murs, les faisceaux de colonnettes et les voûtes; ni des verrières, ni de l'orfévrerie, ni des miniatures; ni de toutes ces statues, qui se comptent par milliers, dans quelques-unes de nos églises. La vie, la pensée éclatent partout, comme aussi la lumière, avec toutes ses couleurs, toutes ses richesses, tous ses contrastes et toutes ses ineffables harmonies.

À lui seul, le Parthénon fera, à travers les siècles, la gloire de Périclès et celle d'Athènes. Notre-Dame de Reims pourrait aussi suffire à la gloire de son temps et de son pays. Mais ce n'est pas seulement sur un point du sol, c'est partout à la fois que les monuments s'élèvent: c'est, à Paris, Notre-Dame et la Sainte-Chapelle; c'est Beauvais, Chartres, Amiens, Auxerre, Saint-Etienne de Caen, Saint-Martin de Tours, et derrière la Loire, Bourges, Clermont, Limoges, vingt autres encore, tout ce qui nous reste et tout ce que nous avons perdu. Jamais on n'avait vu une telle ardeur, jamais on ne la reverra peut-être.

Et ce n'est pas seulement par la multiplicité des monuments, c'est aussi par leur inépuisable variété que la fécondité de l'art se manifeste. Partout vous retrouverez les mêmes principes : partout l'arc ogival, la voûte d'arête, les arcs-boutants et les contreforts : partout la majesté de l'ensemble, la pureté des lignes et la simplicité du plan : partout la pensée dominant la matière : mais l'uniformité qu'on aurait pu craindre, vos yeux ne la rencontreront pas. L'architecture de la Normandie n'est plus celle de l'Ile-de-France : il y a aussi l'architecture de la Champagne, celle de la Bourgogne, celle de l'Auvergne, celle du Poitou ; et dans la même région, on ne trouve pas deux monuments qui se ressemblent.

Mais cet art si hardi, si fécond, si plein de vie, possède encore un autre mérite, qui est la source de tous les autres ; c'est un art éminemment original. En Europe, hors d'Europe, les imitations de nos monuments, depuis six cents ans, sont partout ; leur modèle, nulle part. C'est chez nous, dans les plaines de la Picardie et de l'Ile-de-France, que ce grand art fit son apparition dans le monde ; c'est notre art national, le fruit et la gloire du génie français. Les savants anglais l'ont loyalement reconnu : les Allemands le contestent : c'est dans leur nature, ils contesteront toujours : comme s'il n'était pas prouvé que les monuments analogues ont, chez eux, trente à quarante ans de moins que les nôtres ; comme si on ne savait pas qu'ils jetaient les fondements du dôme de Cologne, l'année même où nous faisions la dédicace de la Sainte-Chapelle de Paris.

II

La haute importance d'un art trop peu connu encore parmi nous, l'attrait que l'on éprouve à parler des grandeurs historiques du pays, à une époque où nous avons tant besoin d'encouragements et de motifs d'espérance, m'ont entraîné à vous entretenir un peu longuement, peut-être, de l'architecture française au moyen âge : je vous prie de me le pardonner.

Mais je n'ai pas perdu de vue un seul instant le but de cet entretien, et les considérations où je suis entré y conduisent. J'ai cherché à vous faire voir, Messieurs, la vigueur que les arts ont déployée chez nous, et l'éclat dont ils brillent, aux temps de Philippe-Auguste et de saint Louis. Or, s'il est vrai, comme le prétend Rousseau, que les mœurs s'abaissent à mesure que les arts s'élèvent ; à une époque où les arts prirent un tel élan, dans quel abaissement profond allons-nous trouver les mœurs ?

Rassurez-vous, Messieurs ; rien n'est bas, tout est grand et fier, à cette époque.

Ce qui frappe, avant tout, c'est la puissance du mouvement intellectuel. Il commence avec Abélard. Vous connaissez tous Abélard : son génie, ses fautes et ses malheurs lui ont fait, il y a sept cents ans, une popularité qui dure encore. Peu d'hommes ont obtenu, de leur vivant, une pareille renommée et laissé derrière eux de si longs souvenirs ; aucun ne fut jamais aimé d'un tel amour. Mais c'est de son génie et de son influence que j'ai à vous entretenir. Sa gloire, Messieurs, c'est d'avoir ressenti et communiqué aux esprits de son temps une ardeur passionnée pour les travaux de la pensée : c'est d'avoir réuni autour de lui des milliers d'hommes accourus de tous les coins de la France, de l'Angleterre, de l'Allemagne et de l'Italie, pour écouter et boire sa parole ; c'est d'avoir fait de Paris ce qu'il est resté depuis, la capitale intellectuelle de l'Europe ; c'est d'avoir fondé une philosophie qui devait durer cinq siècles, et tenir en éveil la pensée humaine, jusqu'à ce qu'un autre Français, Descartes, vint apporter au monde une méthode nouvelle, autrement libérale et féconde, et donner naissance à la philosophie moderne.

Mais ce n'est pas seulement dans le champ des spéculations philosophiques que le génie français déployait alors ses ailes. Pendant qu'Abélard donnait au moyen âge une philosophie destinée à durer cinq siècles, et saint Thomas d'Aquin une théologie faite pour durer toujours ; nos poètes faisaient entendre des chants qui ravissaient le monde, et que toute l'Europe a imités ou traduits ; Joinville racontait, dans un naïf langage, les choses de son temps ; et la langue française, appelée à de si hautes destinées, était déjà si douce et si belle à sa naissance, que l'on prenait plaisir à la parler au-delà des Alpes et du Rhin, et que les étrangers, quand ils tenaient à se faire lire, essayaient d'écrire en français.

La philosophie et les lettres prenaient donc leur essor en même temps que les arts. Mais il faut convenir que, dans la théorie de Jean-Jacques, c'est une raison de plus de trembler pour les mœurs.

Vous n'attendez pas de moi, Messieurs, que je fasse ici l'inventaire des vertus et des vices ; que je cherche et que je vous dise combien d'individus des deux sexes ont été canonisés au XIIe siècle, combien ont été pendus, combien ont mérité de l'être ; combien de légendes édifiantes on pourrait tirer des Bollandistes ; combien il y a d'anecdotes scanda-

leuses dans les fabliaux et les vieux conteurs. Qui pourrait
compter et raconter toutes ces choses? et d'ailleurs à quoi
bon? N'y a-t-il pas une méthode plus expéditive et plus sûre?

Je ne veux pas surfaire le moyen âge. Il y eut en ce temps-
là du bien et du mal, comme aujourd'hui et comme toujours.
Toujours il y a au sein des sociétés humaines une multitude
d'influences et comme des courants divers, qui les travaillent
et les entraînent par ci par là, dans tous les sens : c'est la
conséquence de la liberté d'action, quand elle existe, et de la
liberté morale, qui ne périt jamais.

Or, de ces mille actions combinées résulte toujours, en
définitive, une force unique, qui les résume et les remplace.
C'est cette résultante des forces morales, qui s'empare de la
société prise en masse, et l'emporte d'un mouvement plus ou
moins rapide, tantôt vers le bien, d'autres fois vers le mal.

Lors donc que nous voulons nous faire rapidement une
idée nette et juste de l'état des âmes, à une époque donnée,
ce qu'il faut chercher à voir, ce ne sont pas précisément les
infinis détails, impossibles à saisir, de la vie privée et de la
vie publique, mais les aspirations générales de la société, la
marche qu'elle a suivie dans son développement, et la trace
qu'elle a laissée dans l'histoire.

Si l'on voit l'action combinée des forces sociales se résumer
dans un élan généreux vers les grandes et nobles choses, il
n'y a point à s'y tromper : c'est que les esprits sont élevés,
les caractères dignes et forts, les volontés énergiques : c'est
qu'une âme haute et fière anime cette masse, la pénètre et la
transporte! *Mens agitat molem.*

Or, au XIIe et au XIIIe siècle, que voyons-nous? Quelle
ardeur! Messieurs, et quelle hardiesse! et quels résultats!
C'est une transformation qui s'opère ; c'est la société moderne
qui prend naissance : c'est la nation française qui s'organise

et se dispose à prendre possession du sol, de ce vaste et beau territoire que Dieu lui a donné entre le Rhin, la mer et les montagnes.

Avant cette époque, vous le savez, le territoire était divisé, et le pouvoir morcelé, comme le territoire. Quant à la population, elle était partagée en deux classes : les maîtres et les serfs. Aux premiers, tous les droits : aux autres, toutes les charges : c'était une organisation d'une grande simplicité.

Mais au XII⁰ siècle, il se forme entre les seigneurs et les serfs une classe nouvelle : celle des citoyens libres, qui ne veulent ni dominer ni servir, et qui prennent sur eux, avec joie, toutes les charges publiques, en échange de la liberté.

C'était un fait nouveau dans le monde, et c'est là qu'il faut voir, selon la remarque d'un éminent historien, l'élément le plus actif et le plus décisif de la civilation française.

Les citoyens des villes libres ne tarderont guère à prendre place dans l'État : ils grandiront par l'intelligence, par le travail et la fortune : ils donneront au pays ses trésors et ses armées, ses magistrats, ses intendants, ses grands artistes, ses orateurs et ses poètes, sa force et sa gloire; ils élèveront jusqu'à eux tout ce qui est au-dessous, ils appelleront à eux ce qui est au-dessus; et par la persévérance des hommes, avec le temps et l'aide de Dieu, de tout ce travail et de tous ces efforts, il sortira la France moderne : un seul peuple vivant sous une loi commune.

Par une coïncidence remarquable, et comme pour nous faire voir la liaison naturelle et la solidarité de ces choses, l'ordre naissait chez nous en même temps que la liberté, et en même temps aussi l'idée et le sentiment de la patrie, cette douce France, comme on l'appelle alors, d'un beau nom qui ne devait pas périr.

Puis on voit se révéler aussitôt une incroyable ardeur dans les travaux de la paix et dans ceux de la guerre. Ce sont les terres incultes qui se défrichent, le commerce qui s'étend, la richesse qui se développe, la population qui s'accroît ; c'est le brigandage qui disparaît ou qui tremble : le droit qui se montre enfin et prime la force ; le pouvoir qui protége le droit ; la raison qui le proclame, dans la chaire de Saint-Thomas et sous le chêne de Vincennes ; c'est Bouvines, c'est Taillebourg ; c'est la Normandie, l'Anjou, la Touraine, le Poitou, arrachés à l'Angleterre et réunis à la couronne ; c'est le pays qui se met en marche vers ses immortelles destinées ; c'est, après de longs siècles de ténèbres et de barbarie, une manifestation éclatante et nouvelle des plus grandes choses qu'il y ait au monde : la justice, l'ordre, la liberté et la patrie.

Je me résume :

Rousseau et d'autres avec lui croient avoir remarqué dans l'histoire que les âmes s'abaissent, en même temps que les arts s'élèvent.

Nous avons vu à quelle hauteur se sont élevés les arts, au plus beau siècle du moyen âge ; et nous avons vu se manifester, en même temps, un grand mouvement intellectuel et une ardeur prodigieuse, dans toutes les directions de l'activité humaine. Les esprits, les volontés, les caractères, tout est ferme alors, tout est vigoureux et grand. Loin que les âmes s'abaissent et se flétrissent, on les voit s'élever et fleurir en même temps que les arts.

La démonstration n'est pas complète.

Il pourrait se faire, en effet, que l'époque que nous avons étudiée fût une exception dans l'histoire. Il convient donc de rechercher si le même phénomène moral s'est reproduit aux autres grandes époques de l'art français.

Nous le ferons, si vous le permettez, à votre réunion prochaine.

TROISIÈME ENTRETIEN.

———

Mesdames,

Messieurs,

Vous savez quel est l'objet de cet entretien. On a prétendu que le goût des arts entraîne invariablement après soi la décadence des mœurs, et l'on a invoqué le témoignage de l'histoire.

Or, c'est précisément le contraire que l'histoire vient nous attester.

Je crois l'avoir montré, en ce qui regarde la plus grande époque de l'art français au moyen âge.

Il s'agit de prouver aujourd'hui que ce qui s'est passé au XI° et au XII° siècle n'est point un phénomène exceptionnel, mais la règle, et que les choses ne vont pas autrement.

Il arriva à l'architecture ogivale, après saint Louis, ce qui était arrivé à l'art grec après Périclès. Un puissant élan avait été donné ; il se fit sentir pendant plus d'un siècle. L'art, qui ne peut rester immobile, revêtit des formes nouvelles, plus élancées et plus légères : il gagnait en grâce et perdait en force, comme il arrive toujours.

Puis vint une décadence rapide, qui correspond à nos discordes civiles, à nos défaites, à nos malheurs.

Enfin, tout se rétablit : l'Anglais est battu et nous quitte ; nous recouvrons l'indépendance, l'ordre et la paix. Et sur cette patrie renaissante, toute ravie de joie et d'espérance, après tant d'orages, un souffle passe, venu de Florence et d'Athènes, qui nous apporte sur ses ailes les parfums, les riantes images de la Grèce, les inspirations de Phidias et la pensée de Platon. L'antiquité, qui est immortelle, éveille le génie de la France. Ce sont des temps nouveaux qui commencent : des arts nouveaux vont fleurir.

I

L'architecture ogivale achevait de s'épuiser dans des constructions bâtardes, maigres et fragiles, offrant de tous côtés aux regards des matériaux sans consistance, qui s'écaillent, s'écrasent et tombent ; des piles qui s'affaissent ; des surfaces qui se déforment ; des lignes sans netteté, sans vigueur ; des ornements multipliés, tourmentés, secs et lourds : tous les caractères d'un art épuisé que la vie abandonne.

En même temps apparaît une architecture nouvelle, radieuse de jeunesse et de grâces légères ; le génie de l'antiquité s'est joint à la pensée moderne pour lui donner le jour, et la revêtir d'une immortelle beauté.

Notre sol était couvert d'églises : on construit des châteaux, des palais. C'est Gaillon, Chambord, Anet, le Louvre ; le Louvre surtout, la plus haute expression de l'art français, à l'époque de la renaissance. L'Italie n'en a point fourni le modèle; l'Italie n'a pas son égal : c'est une création nationale, supérieure à tout ce qui fut fait avant, comme à tout ce que l'on a fait depuis.

Pendant que ces admirables édifices s'élevaient sous les mains de Pierre Lescot et de Philibert de Lorme, le grand âge de la sculpture française s'annonçait avec Germain Pilon, l'auteur des Trois Grâces, et Jean Goujon, qui décora le Louvre. C'est à lui que nous devons encore ce qui fut fait de plus gracieux en France, les nymphes de la fontaine des Innocents, et ces admirables cariatides du Louvre, les plus belles qu'il y ait au monde, après celles de l'Erechtheum d'Athènes.

Au-dessous de ces grands noms et de ces grandes choses, les arts industriels produisaient aussi leurs chefs-d'œuvre : les faïences émaillées de Bernard Palissy, et les émaux de Léonard de Limoges.

Le XVIe siècle, le siècle de la renaissance, fut donc un des plus grands dans l'histoire de l'art.

Quel fut à cette époque l'état des âmes?

J'avoue qu'une vue superficielle des choses semble ici donner raison à Rousseau. Le XVIe siècle, en effet, c'est le temps des jeux, des fêtes et des folies : le temps de Louise de Savoie, de Diane de Poitiers, de la duchesse d'Étampes ; le temps des courtisans qui se ruinent pour paraître, et qui trahissent pour s'enrichir : le temps des rois qui s'amusent ; le temps où les plus grands intérêts de l'État et ses plus grands hommes sont indignement sacrifiés aux caprices de quelques femmes vindicatives et légères. C'est vrai. Et ce qui ne l'est pas moins, c'est que toutes ces misères entraînaient forcément à leur suite l'avilissement des âmes et la ruine de l'État.

Si donc on voit la France prospérer et grandir dans la première moitié du XVIe siècle, il faut qu'il y ait eu dans son sein des influences contraires et prépondérantes, qui réparèrent le mal et sauvèrent tout.

Laissons donc la cour, et voyons la nation. Vous y trouverez partout, Messieurs, à Paris, en province, dans nos armées, sur nos vaisseaux, au collége de France et à la charrue, tout ce qui fait la force et la grandeur d'un peuple : la simplicité des mœurs, l'austérité de la vie, le travail, et une énergie indomptable.

Voyez le premier président du parlement de Paris, Gilles Lemaître. Il stipule dans le bail d'une terre qu'il possédait près de Paris que ses fermiers, aux quatre bonnes fêtes de l'année et aux vendanges, lui amèneront une charrette couverte et de la paille fraîche dedans, pour y asseoir sa femme et sa fille ; et de plus, un ânon ou une ânesse, pour sa chambrière, lui se contentant d'aller devant, sur sa mule, accompagné de son clerc à pied.

C'est en cet équipage que se rendait alors dans ses terres, avec sa famille, le premier magistrat de France. Et cependant l'aisance générale s'était considérablement accrue. Un contemporain assure que l'on vit alors entrer chez nous, en moins d'un demi-siècle, plus d'or et d'argent qu'on n'aurait pu en recueillir, auparavant, dans l'espace de deux cents années.

C'était le fruit naturel du travail et de l'économie. L'agriculture, l'industrie surtout et le commerce avaient fait alors d'étonnants progrès. Lyon avait déjà ses fabriques de soieries et sa banque de commerce ; nos navigateurs sillonnaient les mers, allaient trafiquer jusque sur les côtes du Brésil, fondaient à Terre-Neuve la pêche de la morue, découvraient le Canada, exploraient les premiers le Saint-Laurent et les grands lacs, et donnaient à l'Amérique du Nord le nom aujourd'hui perdu de *Nouvelle-France*. N'est-ce pas à cette époque encore que l'on vit un armateur de Dieppe, Ango, attaqué en mer par les Portugais, venir, de son autorité privée, bloquer Lisbonne avec une flottille, et forcer le roi de Portugal à lui payer une indemnité ?

Plus grande encore, si c'est possible, était l'ardeur qui se déployait alors dans le domaine de l'intelligence. Les langues, le droit, l'histoire, tout est étudié, approfondi ; des trésors d'érudition s'accumulent ; un enthousiasme sans égal accueille les poëtes, les philosophes et les orateurs de la Grèce. C'est l'aurore qui succède à la nuit, le printemps à l'hiver : tout chante et sourit dans ces âmes jeunes et ardentes, qui oublient les plaisirs, et la douleur, et le sommeil, pour vivre avec Platon, avec Homère.

L'un, quand il a de l'argent, achète des livres d'abord, des vêtements ensuite. Un autre passe une partie des nuits au travail ; et quand il succombe au sommeil, il réveille son ami, qui aussitôt se lève ; car il a été convenu que la place ne sera jamais vide, et que dans cette cellule on travaillera toujours.

Mais il faut mettre au-dessus d'eux tous cet héroïque Bernard Palissy qui, pendant seize années entières, cherche son émail, passant les nuits d'hiver au vent et à la pluie pour surveiller ses fourneaux, y jetant ses meubles faute de bois, restant des mois entiers sans que sa chemise lui sèche sur le dos, et sans savoir s'il ne finira pas par mourir de faim, avec sa famille.

Vous voyez déjà, Messieurs, qu'il y avait dans le pays des mœurs qui ne ressemblaient guère à celles de la cour. Mais j'ai hâte d'arriver au grand événement qui remplit cette époque, et qui vous fera voir, d'un seul coup, quel était l'état des âmes dans la nation française, au temps où elle construisait le Louvre et Chambord.

Je veux parler de la lutte mémorable de la France contre la maison d'Autriche.

Il s'agissait, vous le savez, de résister à l'ambition effrénée de Charles-Quint, et d'empêcher l'établissement de cette monarchie universelle, qui menaçait l'indépendance de l'Europe.

Charles-Quint possédait déjà l'Espagne, une grande partie de l'Italie, l'archiduché d'Autriche, la Franche-Comté, l'Artois, les Pays-Bas ; il était empereur d'Allemagne : il disposait de la moitié de l'Europe, et des trésors du Nouveau-Monde.

Qui donc osera lever la tête et prendre sur soi la défense de la liberté commune ? Il n'y a qu'un peuple au monde, Messieurs, pour se dévouer à une semblable tâche et affronter de pareils hasards. Et voyez quel était alors l'état de la France. Nous ne possédions ni la Franche-Comté, ni la Lorraine, ni l'Alsace ; notre frontière de l'Est était ouverte, comme aujourd'hui ; et de plus l'ennemi était en Flandre, ou plutôt il était partout : sur les Pyrénées, sur les Alpes, sur les deux rives du Rhin ; il allait bientôt se trouver sur la Manche.

Messieurs, je n'ai point dissimulé les torts de nos rois de la renaissance ; soyons justes envers eux : une chose les rachète : ils portaient en eux l'âme du pays ; ils ont compris le rang que la France doit prendre en Europe, et la conduite qu'elle y doit tenir.

Donc François Ier n'hésite pas ; il sait où est le danger, où est l'honneur ; et il inaugure la politique nationale de la France, cette grande et infatigable politique qui avait toujours, toujours les yeux sur le Rhin, parce que c'est l'endroit vulnérable, et que c'est là qu'on vient pour nous frapper au cœur.

La lutte dura quarante ans avec des alternatives de succès et de revers, au milieu d'un mélange inouï d'imprudences, d'intrigues, de folies, de grandes pensées, et de prodigieux faits d'armes ; nos rois s'y comportent bravement, comme des princes français, et ne désespèrent point de la fortune ; et la nation les soutient, répare leurs fautes, prodigue ses trésors et son sang, et dévaste elle-même ses provinces, pour que l'ennemi, quand il viendra les envahir, ne trouve autour de soi que le désert, et y périsse. Moyen héroïque et terrible, Messieurs, que Vercingétorix avait voulu, seize siècles auparavant, employer contre César, et qui aurait alors sauvé la Gaule, comme il sauva la France, au temps de Charles-Quint.

Or, quel que soit le succès, quand un peuple est capable de tels efforts et de si prodigieux sacrifices, quand il passe quarante ans à se battre et à mourir, on ne peut pas dire, au moins, que l'âme de ce peuple soit amollie, ni qu'elle ait été corrompue par les arts.

Mais il est rare que de pareils dévouments ne reçoivent pas leur récompense. Dieu aime les peuples qui ont du cœur, et la fortune finit presque toujours par leur sourire. Le but donc fut atteint, le projet de monarchie universelle abandonné ; et l'Europe, délivrée de ses terreurs, dormit en paix, protégée par l'épée de la France.

Quel fut pour nous le prix de ces longs combats ? Nos rois firent la paix avec générosité, comme ils avaient fait la guerre. Quelques villes, emportées par nos armes : Calais, que les Anglais occupaient depuis plus de deux siècles, et les trois évêchés de Lorraine : voila quel fut le fruit d'une lutte de quarante ans. C'était peu comme étendue ; c'était beaucoup pour l'honneur national. Du moins, le pied de l'étranger ne souillait plus le sol de la patrie ; la France se trouvait définitivement fermée au nord ; à l'est, elle faisait un pas vers ses frontières naturelles, et s'étendait jusqu'à Metz. Metz ! depuis lors notre rempart et notre orgueil ; Metz ! cette chère ville que nous avons tant aimée, et que nous aimerons toujours ; parce qu'elle a aimé la France ; parce qu'elle était prête à tout souffrir, pour la défense de la patrie commune ; parce qu'elle est aujourd'hui déserte et désolée, et qu'il n'y a plus de beaux jours, plus de consolation pour elle, depuis qu'elle ne voit plus flotter sur ses murs le drapeau chéri de la France !

II

J'aime à me représenter la France comme elle était vers le milieu du XVIᵉ siècle. Aucun de ses innombrables monuments n'avait encore été détruit, ni par le temps, ni par les hommes. C'étaient partout des abbayes, avec leurs églises et leurs cloîtres ; des cathédrales de tous les âges et de tous les styles ; des hôtels-de-ville ; de vieux châteaux avec leurs donjons, entourés de fossés et d'épaisses murailles, et dont le sombre aspect semblait rendre plus souriantes encore ces aimables résidences, que le génie de la renaissance venait d'enfanter : Chenonceau, Anet, Madrid, la Meute et tant d'autres ; car si l'on voulait tout dire, on ne finirait pas. Et dans tous ces châteaux, dans toutes ces églises, que de trésors ! Vitraux peints, statues, fontaines ; sculptures en marbre, en bois, en ivoire ; ciselures de cuivre, d'argent et d'or ; meubles incrustés, armures de luxe, émaux de Limoges, faïences de Palissy, tapisseries de Flandre : objets précieux qui presque tous ont disparu, et dont les restes sont recueillis, de nos jours, avec un soin si jaloux, et comme avec un religieux respect.

Cependant quelque chose, dans le domaine des arts, manquait encore à la France. Rien, dans le monde moderne, n'était supérieur à ses cathédrales, ni à ses palais, ni aux sculptures de Jean Goujon ; mais il lui restait à désirer encore une grande école de peinture, qu'elle pût opposer à celles de Venise, de Florence et de Rome.

L'originalité, Messieurs, est un des caractères distinctifs de l'art français. Notre grande architecture du XIIIe siècle ne dut rien à l'antiquité, et il ne parait pas non plus que les écoles d'Italie aient exercé une influence appréciable sur le génie de nos grands peintres.

Il est vrai que, sur les instances de François Ier, Léonard de Vinci vint en France. Mais il était alors vieux, fatigué : il se reposa donc chez nous, et n'y fit rien, si ce n'est, je crois, un projet de canalisation pour l'assainissement de la Sologne.

Après Vinci vinrent le Rosso, puis le Primatice. Ils furent comblés de biens et d'honneurs ; et on les vit tenir, pendant quarante ans, le sceptre de la peinture en France. Exercèrent-ils une influence ? Oui, mais funeste.

La peinture italienne n'avait pu, en effet, se maintenir longtemps à la hauteur où l'avait portée Raphaël ; on sentait trop l'impossibilité de surpasser un tel maître, et l'impossibilité de l'égaler.

Michel-Ange ne se présentait pas avec cette perfection désespérante. Ce fut donc lui qu'on prit pour modèle, et il arriva ce qui arrive toujours : on lui laissa ses beautés, et l'on exagéra ses défauts. Michel-Ange avait été hardi : on fut téméraire ; Michel-Ange accusait les muscles : on les étala ; Michel-Ange travaillait vite : on s'imagina que le génie consistait à couvrir de peinture deux toises carrées par jour ; et c'est à un peintre génois que revient l'honneur d'avoir atteint la perfection du genre : il peignait des deux mains à la fois.

Voilà les traditions, jointes à d'autres pratiques encore, que les Italiens, le Rosso surtout, nous apportèrent. Ils ne manquèrent pas de les imposer à ceux de nos artistes qui furent admis à travailler sous leurs ordres. Les artistes français se mirent donc au travail italien, réussirent aisément à mal faire ; et même ils y surpassèrent leurs maîtres, dit-on. Je le crois.

Ainsi il n'était pas réservé à l'Italie de donner naissance à notre grande école de peinture : il fallait qu'elle fût originale, nationale, comme notre architecture, comme notre statuaire l'avaient été. Elle devait naître un jour de l'âme et du génie de la France ; mais le temps n'était pas venu encore : il fallut attendre jusqu'au règne de Louis XIII.

Alors vivait à Rome un peintre français, à la tenue simple et grave, à l'œil noir et vif, que l'on voyait errer pensif au milieu des ruines, et les étudier avec une attention profonde. C'est aux débris de l'art grec que s'attachaient surtout ses regards ; il les contemplait longuement, avec amour, et en faisait de légers croquis, pour ne plus en perdre le souvenir. D'autres fois, on le voyait esquisser rapidement les attitudes des passants, leur physionomie, leurs gestes ; ou bien plonger ses regards sur l'horizon de la campagne romaine, pour y surprendre le secret des grands effets produits par la lumière et les ombres. Les ateliers, il ne les fréquentait pas ; les procédés à la mode, il les dédaignait : il tenait à ne relever que de lui-même ; il ne voyait, il ne voulait voir que le beau, tel qu'il le trouvait dans les marbres d'Athènes, dans la nature et dans son génie. On se moquait de lui, c'est assez naturel : il était pauvre, c'était plus naturel encore : l'amour du beau n'enrichit que le cœur. Il tirait huit francs, je crois, d'une grande figure de prophète, et faisait des tableaux de bataille pour sept écus.

Laissons passser le temps et dire le vulgaire. Cet homme aura son jour ; les trésors de son âme et de son génie éclateront à travers les humbles dehors qui les couvrent ; il sera le premier peintre de son temps et le plus grand qu'ait produit la France. Il se nommait Nicolas Poussin.

Poussin vivait seul. Quelquefois cependant, on le voyait venir s'asseoir, dans la matinée, sur la terrasse de la Trinité-du-Mont, avec un autre Français, plus jeune que lui de quelques années et qui recueillait avidement ses paroles. C'était Claude Lorrain. Il fut, de l'aveu de tous, le plus grand paysagiste de l'époque ; et depuis deux cents ans, il n'a pas encore rencontré son égal.

Cependant, à force de travail et de génie, Poussin avait fini par se faire une grande réputation à Rome. Louis XIII lui fit écrire pour le rappeler ; il ne répondit pas. Le roi écrivit lui-même ; Poussin se rendit. Un carrosse de la cour l'attendait à Fontainebleau. Le lendemain de son arrivée, il fut présenté au cardinal, qui l'embrassa ; puis au roi, qui le vint recevoir à la porte de sa chambre. On le logea au jardin des Tuileries, dans un petit palais. Et ce n'était pas trop d'honneur, Messieurs : il s'agissait de l'une des gloires les plus éclatantes de la France.

En ce temps-là se trouvait à Paris un jeune peintre de vingt-trois ans qui n'avait point vu l'Italie et ne la vit jamais : il n'avait ni protection ni fortune. C'était Lesueur. Vouet l'avait admis dans son atelier, comme par grâce : et trouvant en lui un élève habile, il lui faisait peindre des toiles, les prenait, ne les payait pas, les signait et les vendait cher. Quand Lesueur eut vu les tableaux de Poussin, il comprit ce que c'est que la peinture, et se sentit irrésistiblement attiré vers le grand artiste. Poussin l'accueillit, l'aima, le traita comme son fils. Il parlait avec lui de l'art antique, lui en découvrait les beautés, lui faisait feuilleter les croquis qu'il avait rapportés de Rome, et travaillait sous ses yeux.

Voilà les trois plus grands peintres de l'école française :
Claude Lorrain et Lesueur, qui se rattachent à Poussin ; et
Poussin, qui ne doit rien qu'à lui-même.

Il serait trop long d'énumérer leurs œuvres. Je citerai
seulement de Lesueur son admirable suite de la *Vie de
saint Bruno*, la *Messe de saint Martin*, l'*Apparition de
sainte Scholastique* et la *Prédication de saint Paul à
Éphèse*.

Il y a dans ces tableaux des figures angéliques, des phy-
sionomies d'une céleste beauté, mêlée de je ne sais quelle
mélancolie, qui semble nous annoncer que l'artiste va préma-
turément quitter la terre, et que l'on retrouve si souvent sous
le pinceau de Raphaël et dans les accents de Mozart.

Nous devons à Poussin les *Bergers d'Arcadie*, le *Déluge*,
les *Cendres de Phocion*, *Moïse sauvé des eaux*, le *Testament
d'Eudamidas*, la *Manne dans le désert*. Le Louvre possède
trente-neuf de ses tableaux, et il y en a dans toutes les galeries de l'Europe.

Ce qui distingue éminemment les maîtres de cette école,
c'est l'inspiration ; c'est la netteté, la grandeur de la pensée ;
c'est surtout l'expression de la beauté de l'âme. Et chez eux,
ces qualités s'élèvent à une telle hauteur, que malgré une
incontestable infériorité de la forme, ils ont leur place
marquée au premier rang, à côté de Vinci et de Raphaël.

Or, pendant que la peinture répandait un tel éclat sur la
France, que devenaient les caractères et les mœurs ? Les faits
vous sont connus, Messieurs, et quelques rapprochements
vont suffire.

La maison d'Autriche était redevenue menaçante. Elle avait
écrasé l'un après l'autre l'électeur palatin et le roi de Dane-

mark ; l'héroïque roi de Suède, Gustave-Adolphe, venait de mourir sur le champ de bataille de Lutzen.

C'est alors que Richelieu, débarrassé de ses affaires intérieures, entra résolument dans la guerre de Trente ans, pour la terminer.

On était en 1635.

En 1636 parait le *Cid*, le premier chef-d'œuvre de l'art dramatique en France.

En 1637, Descartes publie le *Discours de la Méthode* ; c'est l'affranchissement de la pensée moderne.

En 1640, Poussin revient d'Italie et suscite le génie de Lesueur.

En 1643, Rocroi. Condé remporte sa première victoire, et Bossuet prêche son premier sermon.

En 1645, Lesueur commence au cloître des Chartreux sa *Vie de saint Bruno*.

En 1647, les victoires de Turenne font trembler l'empereur Ferdinand jusque dans sa capitale.

Voilà l'ouvrage de douze années ! Tout surgit à la fois et se presse dans cette France jeune et féconde : la grande poésie, la grande philosophie, le grand art, la grande politique et les grandes victoires. Et l'année suivante (1648), pour tout couronner, le traité de Westphalie, sur lequel reposeront pendant cent cinquante ans les destinées de l'Europe. La politique de François Iᵉʳ, de Henri IV et de Richelieu a définitivement triomphé ; la maison d'Autriche est abattue, et la France devenue la première nation du monde.

Voilà ce qui s'accomplissait au temps où la grande peinture florissait parmi nous, et comme il est vrai de dire que le progrès des arts coïncide avec la décadence des peuples.

Je ne crois pas qu'il soit utile de pousser la démonstration plus loin. Les grandes époques de l'art se confondent, vous l'avez vu, avec les plus grands siècles de notre histoire. On pourrait constater de même que la décadence des mœurs accompagne invariablement la décadence des arts.

Tels sont les enseignements du passé; ils se reproduiront dans l'avenir. Car ce n'est point le hasard qui a fait ces choses : elles tiennent à la nature intime de l'âme humaine, et à la nature des arts. J'espère vous le démontrer dans un autre entretien.

Mais, en attendant, que le témoignage de l'histoire nous rassure; ne craignons point de contribuer à l'abaissement des âmes et à la décadence de la patrie, en aimant et en cultivant les beaux-arts. Exposons-nous, si l'on veut, à voir se renouveler sous nos yeux le glorieux passé de la France; à retrouver des artistes comme Lescot, comme Jean Goujon et Poussin, dussent-ils nous amener avec eux des philosophes comme Descartes, des poètes comme Corneille, des orateurs comme Bossuet, des hommes de guerre comme Condé, comme Turenne, des hommes d'État comme Richelieu, et, quand le temps sera venu, quelque traité de paix qui ressemble au traité de Westphalie.

QUATRIÈME ENTRETIEN.

Mesdames,

Messieurs,

Jean-Jacques Rousseau avait cru remarquer que les âmes s'abaissent et que la vertu s'en va, à mesure que les arts s'élèvent.

Il en a conclu que le progrès des arts engendre la corruption des mœurs.

Le fait fût-il vrai, que la conclusion resterait discutable. Mais le fait est faux.

Nous avons vu, en effet, que l'énergie des âmes et la grandeur des caractères correspondent invariablement avec le plus complet épanouissement des arts, et que les grandes époques de l'art sont, à tous les points de vue, les plus grandes époques de l'histoire.

En conclurons-nous, à notre tour, que ce sont les arts qui font les mœurs ; qu'une nation ne peut être grande qu'à la condition que les arts y fleurissent; et que pour régénérer un peuple, il n'y a qu'à lui donner le goût des arts ?

Ce serait un autre paradoxe, et nous ne voulons que la vérité.

Or, la vérité est que l'élévation des âmes est contemporaine du progrès des arts.

Ce qui est vrai encore, c'est que l'universalité et l'invariable répétition de ce phénomène historique accusent autre chose qu'une simple coïncidence.

Il semble qu'il y ait entre les mœurs et les arts une union intime, qui les force à marcher du même pas, à s'élever et à tomber ensemble.

Il semble enfin qu'il y ait des rapports plus étroits encore, des relations de cause à effet. Ici, Messieurs, l'histoire ne suffit plus ; c'est à l'analyse et au raisonnement qu'il faut avoir recours.

Y a-t-il véritablement, entre les mœurs et les arts, des relations de cause à effet ? Et alors où est l'effet ? et quelle est la cause ? Sont-ce les arts qui influent sur les mœurs, ou bien les mœurs qui donnent naissance aux arts ?

Si les arts produisent les mœurs, vous voyez tout de suite, Messieurs, quelle grande et délicate mission les arts ont à remplir dans la société contemporaine.

Et si ce sont les mœurs qui font naître les arts, l'influence morale des arts, pour être indirecte, n'en reste pas moins considérable. Aimer les arts, en effet, n'est-ce pas aimer en même temps, et forcément, tout ce dont les arts ont besoin pour se développer et fleurir ? Aimer le beau, n'est-ce pas faire appel autour de soi et en soi-même à toutes les facultés, à toutes les énergies, à toutes les vertus qu'il faut avoir pour produire le beau, ou seulement pour le comprendre et le goûter ? Or, ces aspirations inséparables de l'amour du beau, que sont-elles autre chose qu'une élévation et un ennoblissement perpétuel de l'âme ? Oui, ce sont de bien nobles amours que ceux que l'on ne peut satisfaire qu'à la condition de devenir plus éclairé, et plus fort, et meilleur.

Ainsi, Messieurs, quels que soient les rapports naturels des arts et des mœurs, que les arts soient effet ou cause, ils ne peuvent manquer d'exercer, si on les propage, une puissante et bienfaisante action sur la société.

Or, il se trouve qu'ils sont effet et cause à la fois ; qu'ils agissent à ce double titre, et que leur influence morale est, en définitive, la somme de ces deux actions combinées.

Je m'explique :

Il y a deux moments à considérer : d'abord, le moment où rien n'existe encore : c'est aux mœurs de commencer. Rien ne se fera, s'il n'y a de l'élévation dans les pensées, de la dignité dans les caractères, des convictions, de l'enthousiasme : il faut des mœurs pour enfanter les arts. Mais aussitôt que l'œuvre d'art est produite, elle remue les âmes, elle les charme ou les élève, et par là elle agit, à son tour, sur les mœurs.

Je voudrais, Messieurs, mettre dans tout son jour cette double vérité. De courts développements vont y suffire.

I

Qu'est-ce que l'œuvre d'art ? Qu'est-ce autre chose que l'expression des pensées, des passions, des aspirations de l'artiste, au moyen des lignes, des couleurs, de la parole ou des sons ?

Oui, l'œuvre d'art, c'est l'expression d'une âme. Or, l'œuvre ne sera belle qu'à la condition d'être forte, harmonieuse et vivante, parce que la vie, la puissance et l'harmonie sont les caractères les plus essentiels de la beauté. Ces hautes qualités doivent donc exister dans l'artiste, avant de passer dans son œuvre : il n'y a qu'une belle âme qui puisse produire la beauté.

Ainsi les arts dépendent de l'état moral où se trouvent ceux qui les pratiquent : cela est évident. Dépendent-ils aussi de l'état des mœurs publiques ? Sans aucun doute, et voici pourquoi :

Qu'une grande âme se rencontre au milieu de l'abaissement général, cela se peut, cela s'est vu. Ainsi, quand un froid glacial passe au printemps sur nos vergers, et les dépouille de leur parure, vous voyez quelquefois, à l'écart, une plante abritée, ou plus vigoureuse, que le souffle meurtrier n'a point atteinte : elle donnera ses fleurs et son fruit. Une belle âme peut aussi se rencontrer çà et là, par hasard, à une époque de décadence, pour sauver l'honneur de l'humanité, et lui faire attendre un meilleur avenir.

Mais, en général, voici comment vont les choses. Chaque temps, chaque pays a ses habitudes, ses idées, ses goûts, ses caprices, qu'il inspire ou qu'il impose à tous. La vie est plus ou moins commode quand on cède, plus douce quand on aide, laborieuse quand on résiste. Et comme les hommes ne sont pas des héros, ils se laissent presque tous, par intérêt, par faiblesse ou par insouciance, emporter au courant du jour.

L'artiste est un homme comme les autres ; il partage leurs idées, leurs passions, leur enthousiasme ou leur indifférence : il rend au monde ce qu'il en a reçu : et voilà comment il se fait que l'art, aussi bien que la littérature, est l'expression de la société.

Tantôt, à de longs intervalles, il semble que le ciel sourie à la terre : l'air est plus frais, le jour plus pur ; on dirait qu'un souffle léger soulève les âmes et les emporte, au-dessus des choses qui passent, dans les régions sereines où résident les biens impérissables de l'humanité : la foi, l'honneur, le dévoûment, l'amour de la patrie.

C'est alors que les natures généreuses, soutenues et applaudies dans leurs efforts, déploient leurs ailes pour s'envoler plus haut encore, au sein de l'idéal et de l'éternelle beauté. Et de là, elles font entendre des accents inconnus à la terre, et révèlent aux hommes des formes adorables, que nul regard n'avait contemplées.

C'est ce qui arriva aux Grecs, après la guerre de l'indépendance, quand ils eurent nettoyé la terre et les mers, et délivré leurs enfants, leurs femmes, les temples de leurs dieux et les tombeaux de leurs ancêtres. La Grèce entière était ravie d'enthousiasme ; Athènes, ivre de gloire et de liberté, au souvenir de Marathon, de Platées et de Salamine. Alors paraît Eschyle ; il chante le triomphe dans des accents qui ne périront pas, et qui immortaliseront, à travers les âges, sa gloire et celle de sa patrie. Bientôt viendront à sa suite Sophocle et Phidias, destinés à porter l'art à une perfection qu'il n'avait jamais atteinte et que, selon toute apparence, il ne retrouvera plus jamais.

A d'autres époques, au contraire, le ciel est sombre, l'air est lourd, les âmes rampent et se traînent, comme si un poids de plomb était attaché à leurs ailes : tout est vulgaire, plat et froid.

Il y a de ces tristes moments dans l'histoire de tous les peuples ; c'est, pour ne pas remonter plus haut, au XVIIIe siècle que nous les avons eus. Je ne veux pas être injuste à l'égard du XVIIIe siècle, ni méconnaître ce qu'il a fait de grand. Au milieu de la vieille société, qui finit, une autre société cherche à naître. De généreux esprits, presque tous inconnus à la foule, rêvent pour le pays un moins triste avenir ; et répandent, à pleines mains, sur le monde, de nouvelles idées et des vérités immortelles. Précieuses semences, qui ne demandaient point à se développer dans le sang et les ruines, mais qui devaient, sous la main de Turgot, donner à nos pères, sans déchirements et sans douleur, ces fruits abondants de paix publique, de justice et de liberté, que nous n'avons pas, au bout d'un siècle, achevé de recueillir encore, mais que nous espérons laisser à nos enfants, comme la plus belle part de notre héritage.

Oui, Messieurs, le XVIIIe siècle portait en lui l'avenir de la France : voilà sa gloire et son incontestable grandeur.

Mais, il faut en convenir, toutes ces choses n'étaient guère pour les contemporains que des forces inconnues, des rêveries, tout au plus de vagues et lointaines espérances, perdues dans le tourbillon des idées du jour ; comme sont perdus au sein des mers ces courants si longtemps ignorés, si précieux de nos jours pour emporter rapidement nos vaisseaux, et rapprocher les deux mondes.

Or, au point de vue où nous sommes, ce qu'il importe d'envisager, ce n'est point le travail solitaire de quelques philosophes ; ni ces influences sourdes et silencieuses, qui ne se révéleront que dans l'avenir, mais les idées régnantes, l'état présent des âmes, les aspirations générales de la société.

Que voyons-nous donc au XVIIIe siècle? Partout la frivolité et l'indifférence ; point de grandeur, point de caractères, point de dignité, point de convictions ; sur le trône, un monarque abruti ; autour de lui, des femmes sans pudeur, qui pillent, qui gaspillent, et qui gouvernent ; des ministres qui vendent à l'étranger les secrets de l'État et les intérêts de la patrie ; des généraux qui vont en guerre avec des eaux de senteur, des parasols, des cuisiniers et des comédiens ; des hommes d'État qui joignent leur incapacité à celle des hommes de guerre et perdent tout : nos finances, nos armées, nos belles colonies, notre honneur. Quant à la société, j'en ferais deux parts : les uns qui font ces choses, ou qui en profitent ; et le reste, qui les endure.

Or, au milieu de cet étrange affaissement des âmes, que voulez-vous que l'art devienne, et de quoi peut-il s'inspirer ? Sans doute, les procédés matériels restent encore ; on fait des vers à la manière de Racine : rien n'y manquera, rien que l'âme et le génie du poète. A la place des *Bergers d'Arcadie* ou de la *Manne au désert*, on aura les petites bergères de Boucher et les fêtes galantes de Watteau. Au lieu des célestes inspirations de Lesueur, des décorations de boudoirs et de voluptueuses images : au lieu des beaux et lumineux paysages de Claude, je ne sais quelles productions factices et tourmentées, où la nature ne se reconnaît pas. On ne sait plus pratiquer le grand art ; on ne sait même plus le comprendre. Est-ce que l'on ne voit pas un ministre d'État songer sérieusement à démolir le Louvre, pour économiser les frais d'entretien, et se faire un peu d'argent, en vendant les décombres ? Le malheureux ! il aurait pourtant vendu à la toise, au prix ordinaire du moellon, les sculptures de Jean Goujon, le chef-d'œuvre de la renaissance française, le plus beau palais du monde !

Ainsi, Messieurs, si les arts fleurissent aux grandes époques de l'histoire et dépérissent aux époques de décadence, ce n'est point l'effet du hasard ; c'est dans la nature des choses : ce sont les convictions et les mœurs qui font vivre les arts.

II

Mais les arts exercent-ils, à leur tour, une influence sur les mœurs ? Sans doute, et il est impossible qu'il en soit autrement.

L'œuvre d'art, en effet, est comme un foyer où l'artiste a concentré tout ce qu'il avait dans l'âme de noblesse, de joie, d'enthousiasme, de haine ou d'amour, de lumière et de chaleur. Dans ces sons, sous ces lignes, il y a l'âme d'un homme ; toujours une grande âme, et quelquefois l'âme de tout un peuple. Et cette âme rayonne autour d'elle ; elle envoie de tous côtés sa lumière et sa chaleur, sa joie ou sa tristesse, sa haine ou son amour ; elle pénètre dans ceux qui ont des yeux pour voir et des oreilles pour entendre ; elle les éclaire, elle les échauffe, elle les charme ; elle les fait pleurer, elle les fait sourire, elle les fait haïr, elle les fait aimer.

Ainsi tout Paris, toute la France viendront, avec le grand Condé, pleurer et frémir aux vers du grand Corneille ; des générations sans nombre se sentiront, sous les voûtes de nos vieilles églises, pénétrées d'un religieux respect, et tressailliront aux accents de Mozart.

Ainsi, par l'œuvre d'art, les grandes âmes se répandent et se perpétuent sur la terre ; elles entrent, pour n'en plus sortir, dans le patrimoine commun de l'humanité.

Je viens de dire l'action que les arts exercent sur la foule ; mais qu'il se rencontre dans la foule une nature vive et puissante, l'émotion esthétique ne lui suffira pas ; elle sera agitée, tourmentée d'une activité dévorante ; il faudra qu'elle produise à son tour. Et voilà comment le feu sacré s'entretient et se transmet dans le monde. Toute la poésie, tout l'art des Grecs émane d'Homère ; Eschyle inspire Sophocle, Poussin enflamme le génie de Lesueur, Corneille celui de Racine ; et les marbres de la Grèce, retrouvés dans la poussière de Rome, profanés par les hommes, mutilés par le temps, mais rayonnants d'une éternelle jeunesse et d'une impérissable beauté, viendront, au bout de deux mille ans, former à leur image le génie du plus grand peintre français : comme ils avaient déjà, au siècle précédent, formé Raphaël et Michel-Ange.

Mais cette action des arts sur les âmes est-elle assurée, inévitable ? Oui, à deux conditions.

La première, c'est que les âmes soient douées pour les arts d'une sensibilité délicate, qui se trouve en germe dans tous les hommes, mais qui, comme nos autres facultés, a besoin, pour se développer, d'éducation et d'exercice. Le Louvre ne disait rien, absolument rien à ce ministre de Louis XV dont je parlais tout à l'heure ; et parmi nos contemporains, combien n'y en a-t-il pas qui, à toutes les compositions musicales des grands maîtres, ont préféré les chants de Thérésa ou la *Fille de Madame Angot ?*

La première remarque à faire, c'est donc que l'influence des arts est subordonnée au développement du goût ; que l'action des arts croît ou décroît chez un peuple, en même temps et dans le même rapport que croissent ou diminuent l'amour du beau, et la faculté de le percevoir, de le sentir.

Voici une autre condition, peut-être plus importante encore. S'il faut au public, pour recevoir l'impression, des yeux et des oreilles, il faut à l'art, pour la produire, de la puissance, une vraie beauté.

Or, il y a des temps où l'art se rétrécit et s'abaisse; le grand art s'en va, et en poésie, comme en musique et en peinture, à la place du beau, qui semble pour un temps avoir quitté la terre, il n'y a plus que le joli, le gracieux.

Gardons-nous de trop dédaigner ces manifestations inférieures de l'art, ces doux et derniers rayons d'un soleil qui se couche : ils sont préférables à la nuit; ils peuvent nous récréer encore, nous réjouir, nous faire rêver, nous exciter à marcher en avant, afin de nous retrouver en pleine lumière. Mais les grandes et nobles pensées, les aspirations généreuses, ce n'est point là qu'il les faut chercher.

Supposons à présent que l'art se développe avec puissance, et que le public ait ce qu'il faut pour en ressentir les effets; sommes-nous sûrs que l'art exerce une action bienfaisante? Ne pourrait-il pas se faire qu'il fût employé à corrompre les mœurs ?

Messieurs, il en est de l'art comme des lettres, comme des lois, comme des armes, comme de toutes les forces physiques et morales du monde : on peut en abuser. L'homme, en effet, a reçu du ciel le terrible pouvoir de déshonorer les meilleures choses, et de tourner au mal ce qui lui fut donné pour le bien. Il peut flétrir les fleurs, la beauté, l'innocence, et profaner ce qu'il y a de plus sacré sur la terre et dans les cieux : il peut profaner l'art.

Est-ce une raison, je vous le demande, pour redouter l'art et pour le maudire, pour redouter et maudire tout ce dont on abuse : la force, la beauté, la jeunesse, la religion, la liberté ?

Est-ce qu'il est permis, est-ce qu'il est possible d'étouffer la flamme et la vie de nos âmes ?

Est-ce que notre premier devoir n'est pas d'accueillir avec reconnaissance tous les dons que Dieu nous a faits ?

Est-ce que notre second devoir n'est pas de les cultiver, de les développer avec amour ?

Est-ce que ce n'est pas insulter le ciel que de rejeter ses dons, à cause des devoirs et des responsabilités qui s'y attachent ?

Est-ce que nous pouvons espérer d'échapper jamais, quoi que nous fassions, à ces lois éternelles sur qui repose le monde, et dont Dieu même ne saurait s'affranchir ?

Oui, Messieurs, telle est notre destinée ici-bas, et de quelque côté qu'on l'envisage, on la retrouve partout la même : nous ne fûmes point faits, quoi qu'en ait dit Rousseau, pour l'état sauvage, ni pour l'engourdissement, ni pour l'ignorance, ni pour les ténèbres, mais pour la lumière, mais pour le travail, pour le progrès indéfini, pour l'activité dans l'ordre, et la liberté sous la loi.

Grandes et nobles choses, qui semblent parfois à nos vues bornées se séparer ou se combattre, mais qui n'en sont pas moins sorties d'une même pensée pour concourir à une même fin : pour s'entr'aider, pour tout soutenir, et tout embellir dans l'arrangement providentiel du monde.

Vous avez vu sur le pavé du temple ces colonnes qui en sont l'ornement et l'appui. Elles s'élèvent chacune à sa place, sans liaison ni solidarité apparente, pour qui ne les regarde qu'à la base ; levez la tête, vous les verrez s'épanouir, s'embrasser, pour ainsi dire, dans les voûtes et unir leurs efforts, pour tout supporter. C'est une image des choses morales. Religion, philosophie, beaux-arts, liberté, autorité, charité, justice : ce sont les colonnes du monde, séparées sur la terre, réunies dans les cieux.

Et pour ne parler ici que des arts et de la morale, ce sont des puissances distinctes, non ennemies : naturellement indépendantes, mais naturellement destinées à se prêter un mutuel secours. Ce n'est pas en violant les lois de la morale que l'on fait les chefs-d'œuvre, et le grand art n'est jamais corrupteur.

III

Je n'ai point perdu de vue, Messsieurs, dans la suite de cette discussion, ce qui fait l'objet principal de nos entretiens : *la mission des arts dans la société contemporaine.* Tout ce que j'ai dit s'y rapporte, et les conclusions vont être faciles à tirer.

Il s'agissait de déterminer le rôle de l'art parmi nous, et les services qu'il nous peut rendre. J'avais signalé, dans un premier discours, les pures et nobles jouissances que les arts procurent à ceux qui les aiment ; l'immense intérêt économique qu'ils présentent dans leur application à l'industrie ; enfin et par dessus tout, la part considérable qu'ils sont appelés à prendre dans l'œuvre patriotique et capitale qu'il nous faut accomplir : le relèvement des âmes.

Mais ici se présente une objection grave. Les arts, avait-on dit, amollissent les âmes, les énervent et les abaissent, loin de les fortifier et de les agrandir.

J'ai cherché, Messieurs, à prouver le contraire, par l'histoire et par le raisonnement.

C'est aux grandes époques de l'art que l'on voit briller du plus vif éclat nos vertus nationales et les gloires de la France. Il en fut ainsi partout et toujours. L'âge d'or de l'art grec est inauguré par les soldats de Salamine ; et c'est au moment où elle vient de chasser les envahisseurs, et de recouvrer son indépendance, que l'Égypte se met à couvrir de ses prodigieux monuments les deux rives du Nil, depuis Memphis jusqu'aux cataractes de Syène. Oui, la splendeur des arts est contemporaine de la grandeur des peuples, c'est un fait.

Et c'est une nécessité. Car ce qu'il faut aux arts pour fleurir, ce sont les hautes pensées, les aspirations généreuses, les convictions, l'enthousiasme, le libre déploiement du caractère et du cœur, c'est-à-dire les mêmes causes qui font tout ce qu'il y a de grand sur la terre. L'amour des arts qui, pour atteindre son but, a besoin de toutes ces choses, les développe ou les fait naître, est donc déjà, par lui-même, un premier et puissant élément de relèvement moral.

Puis quand l'œuvre d'art est produite, elle rend tout ce qu'elle a reçu : elle embellit, elle ennoblit, elle élève et fortifie les âmes autour d'elle ; elle reste quand l'artiste a disparu, pour immortaliser son génie et perpétuer son influence à travers l'espace et le temps. C'est, dans l'ordre moral, le second bienfait des arts.

Mais à quelles conditions l'art exercera-t-il sur la société une action bienfaisante ?

À la condition d'abord que la société soit convenablement disposée à recevoir l'influence de l'art. À la condition ensuite que l'art soit grand et fortement expressif, afin d'agir sur la société. Voilà le chemin que nous avons parcouru ensemble, et sur le point de toucher au terme, je ne saurais trop vous remercier, Mesdames, et vous, Messieurs, de l'intérêt si plein de bienveillance que vous avez pris à cette discussion.

J'arrive aux conclusions pratiques.

L'art contemporain a-t-il ce qu'il faut pour contribuer puissamment au relèvement des mœurs ? Je ne le crois pas.

Est-ce à nos artistes qu'il faut s'en prendre ? Non. Nous sommes trop portés en France, quand une chose réussit mal, à tout rejeter sur quelqu'un, au lieu de nous demander s'il ne conviendrait pas de nous en prendre à nous-mêmes. N'accusons pas nos artistes, car ils ne manqueraient point de répondre, et ils diraient :

« Soyez justes ; où voulez-vous que nous allions puiser,
« autour de nous, la sève qui fait vivre et fleurir le grand art ?
« Et d'ailleurs, est-ce bien cela que vous nous demandiez,
« depuis plus d'un quart de siècle ? Quels sont les spectacles
« qu'il fallait vous donner ? Quels sont les chants que vous
« alliez applaudir ? Avant d'accuser les artistes, songez à quel
« degré d'abaissement ils se sont vus réduits, pour vous plaire !
« Leur devoir était de résister sans doute, de vivre pauvres et
« méconnus, plutôt que de profaner l'art ; mais qui donc vien-
« dra leur jeter la pierre, parce qu'ils n'ont pas eu au cœur
« un désintéressement héroïque, dont ils trouvaient si peu
« d'exemples autour d'eux ? Du reste, remarquez-le bien, l'art
« n'a pas été seul à déchoir ; il est tombé, comme il arrive
« toujours, avec tout le reste, avec la grande poésie, avec la
« grande éloquence, avec les grandes pensées, avec les carac-
« tères et les mœurs. »

Et si nous ajoutions : « Mais nos malheurs nous ont cor-
« rigés, et nos goûts ont changé avec notre fortune ; revenez
« au grand art, donnez-nous des chefs-d'œuvre ; c'est là ce
« que nous voulons désormais applaudir. »

« Les chefs-d'œuvre, répondraient-ils, ne s'improvisent pas,
« et ce n'est point par là qu'on commence. C'est aux mœurs
« de précéder les arts. Commencez donc ; bannissez les folles
« pensées, les goûts frivoles ; donnez plus à l'esprit, moins au
« corps, moins aux apparences ; voyez dans la patrie autre
« chose que des intérêts à satisfaire et des honneurs à vous dis-
« puter ; songez, songez surtout à ses douleurs et à ses larmes ;
« songez à son rôle historique, à sa mission dans le monde,
« à son passé, à son avenir, à sa gloire, à sa liberté ; re-

« levez vos âmes, et vous verrez alors refleurir les beaux-
« arts. »

Le moment ne semble pas venu encore : de si grandes
choses ne sont pas l'œuvre d'un jour. Le travail national a
payé nos vainqueurs et relevé nos ruines ; nous avons fait,
dans une certaine mesure, ce qui dépend des lois ; il reste à
faire.... presque tout encore : il reste à faire ce qui dépend des
mœurs. Ayons bon courage ; disons-nous bien qu'il n'y a
point de décadence inévitable, qu'un peuple qui le veut se
relève ; et que la France surtout, avec tous les dons qu'elle a
reçus du ciel, peut se redresser jeune et belle, et faire encore
une fois, après tous ses désastres, l'étonnement de l'Europe
et l'admiration du monde.

Voyez ce qui se passe au commencement du siècle. Ne
semblait-il pas que tout eut péri ? Tout va renaître. Château-
briand donne le signal ; il ouvre à la poésie, à l'histoire et aux
arts des voies nouvelles, et aussitôt une foule d'esprits ardents
et généreux s'y précipitent. Lamartine fait frémir doucement
les cœurs aux accords de sa lyre ; un autre poète fait revivre
Corneille, par l'énergie et la fierté de ses accents ; Boïeldieu
écrit la *Dame blanche* ; Ingres dédaigne le succès, marche à
la perfection et rencontre la gloire ; la philosophie renaît, la
critique, l'histoire se renouvellent ; une vive et libérale éloquence retentit partout, à la tribune, à la Sorbonne et jusque
sous les voûtes, un peu étonnées, de Notre-Dame. Puis cette
riche floraison, si pleine d'espérance, ce printemps du siècle fut
emporté dans un jour d'orage ; les hautes pensées, la poésie,
l'amour du beau, l'enthousiasme se sont envolés au ciel ; et
des préoccupations vulgaires, de froids calculs, de molles
pensées ont envahi les âmes, amenant à leur suite des hontes
et des douleurs que je n'ai point à vous dire : aucun de nous
ne les oubliera jamais.

Tout peut revivre et refleurir. Et pour cela, que faut-il ? Le vouloir. Car il importe de s'entendre, quand on parle de la stérilité du temps où nous sommes, et ne point accuser légèrement l'impuissance ou l'épuisement de la nature. Oui, les fleurs ont de la peine à s'épanouir : bien des fruits ne mûrissent pas ; je ne sais quelles influences énervantes et malsaines, venues de toutes parts, attaquent les plus belles âmes et les frappent de stérilité. Elles sont perdues, hélas ! pour elles-mêmes et pour la patrie ! Pourtant, c'est toujours le même soleil qui brille sur la France, c'est le même ciel qui lui sourit toujours : tous nos printemps nous arrivent pleins de promesses et d'espérances. Et, bien qu'elle ait la douleur amère de ne point voir arriver au libre épanouissement de leurs forces et de leur génie ceux de ses enfants que Dieu avait le plus aimés, et dont elle devait le plus attendre, toujours libérale et féconde, la France ne se lasse point de produire et d'espérer. Fière de son passé, elle croit à l'avenir et attend son heure, sachant bien qu'elle est, autant au moins que l'Italie de Virgile, la patrie des riches moissons et des hommes de cœur :

Salve, magna parens frugum Saturnia tellus ?
Magna virum !

O France, dirons-nous plutôt avec un de nos poètes, dont le talent semble déjà préluder à des temps meilleurs,

O France, douce France, ô ma France bénie !
Rien n'épuisera donc ta force et ton génie !
Terre du dévoûment, de l'honneur, de la foi,
Il ne faut donc jamais désespérer de toi !